AUTISMO
y funciones ejecutivas

Estrategias de aprendizaje para fortalecerlas en las aulas y en casa

Núria
Revelles

Saralejandría
ediciones

Del texto:
Núria Revelles Ciuraneta

Perfil profesional:
@tea.autisme

Diseño de edición:
Elena Torres Andrés

De la presente edición:
Grupo Sar Alejandría S.L

Edita:
Saralejandría Ediciones

ISBN: 978-84-10105-93-5
Depósito Legal: CS 227-2025

A cada persona que cree que el aula debe ser un espacio de igualdad, de respeto y de oportunidades para cada niña, niño y joven, sin excepción.

índice

Sobre mí

Mi camino hacia la profesión de maestra en pedagogía terapéutica (PT) no ha sido para nada directo. De hecho, al finalizar el bachillerato hice el Grado Universitario de Geología, empecé con ilusión pensando que era lo que me gustaba y a lo que me iba a dedicar. Pero ese pensamiento se fue desvaneciendo poco a poco, y antes de terminar el último curso y las prácticas obligatorias del grado, ya tenía claro que esos eran mis últimos días en ese mundo. No era para mí.

Por distintas experiencias de mi trayectoria, sabía que quería dedicarme al mundo social, entender otras formas de pensar y, sobre todo, reivindicar desigualdades y apoyar la idea de que cada persona ha de tener las mismas oportunidades sin importar su origen, condición o circunstancias. Es por eso, que me matriculé en el Técnico Superior en Integración Social, y de ahí se me abrió un mundo. **Ahora sí,** ya estaba en el lugar correcto.

Ya había trabajado antes con niños y niñas, como monitora de comedor o haciendo extraescolares adaptadas, pero por diferentes casualidades, de las cuales me siento muy afortunada, terminé trabajando en una escuela de educación especial especializada en autismo, sin esperarlo, a jornada completa. Recuerdo el miedo y la ilusión de los primeros días, una mezcla de «No sabes cómo trabajar con este tipo de alumnado» y «Venga, que tú puedes con todo, solo tienes que aprender». Y poco a poco, gracias a mis compañeras y al poder de la actitud, fui asimilando estrategias, formándome en el tema, adquiriendo herramientas y caminando por un nuevo sendero, solo de ida.

Fue durante este tiempo donde empecé y terminé el Grado de Educación Primaria en Pedagogía Terapéutica, y me especialice en dificultades de aprendizaje a lo largo de diferentes cursos, el Máster de Neuropsicología y Educación y el Máster en Trastornos del Espectro Autista. Aunque suene a tópico, no miento si digo que **cada día me gusta más mi trabajo**, que he encontrado mi pasión y que quiero dedicarme a esto por mucho tiempo.

Durante la realización del Máster en Neuropsicología, me centré en las funciones ejecutivas y el autismo, y mi trabajo de final de máster (TFM) se titula: *Propuesta de intervención para mejorar las habilidades sociales en adolescentes con autismo, de entre 14 y 15 años, a través del fortalecimiento de las funciones ejecutivas.*

> Ya sabemos que cubrir los derechos y las necesidades de todo el alumnado sigue siendo una utopía en muchas escuelas debido a la falta de recursos, las ratios muy por encima de las necesarias, la necesidad de formación y la falta de políticas que se

centren realmente en una educación de calidad para todas y todos. En 2023 decidí abrir la cuenta de Instagram @tea.autisme con el objetivo de compartir recursos, estrategias y consejos para trabajar con el alumnado autista, dar voz a las necesidades que pueden tener y promover la riqueza de la Neurodiversidad, así como para nutrirme de los conocimientos de otras personas, puesto que en las redes hay una amplia cadena de profesionales dispuestas a compartir sus saberes, creando así un espacio de aprendizaje colaborativo que enriquece tanto nuestra práctica profesional como nuestra comprensión del mundo a través de otras miradas.

Y, a partir de la necesidad que hay en muchas aulas o familias de dar salida a las necesidades específicas de las personas autistas, y de la relación que tiene el buen funcionamiento ejecutivo con la adaptación social en diferentes contextos, **nace este proyecto**.

Espero que os sirva para entender un poco más el funcionamiento ejecutivo y las necesidades que pueden presentar las personas *neurodivergentes* en un mundo pensado para encajar en unos estándares, que no acepta otras maneras, no tan típicas, de llegar a los mismos objetivos. También deseo que podáis poner en práctica todos los recursos que se os brindan a continuación y que os resulten tan útiles como a mí.

||||||||||||||||||||||||||||||||||||||||||||||||||||||||

La neurodiversidad nos enseña que no existe una única forma de pensar, aprender o ser, y que en esa diversidad radica la verdadera riqueza de nuestra humanidad.

||||||||||||||||||||||||||||||||||||||||||||||||||||||||

Núria Revelles Ciuraneta

INTRODUCCIÓN

¿QUÉ SON LAS FUNCIONES EJECUTIVAS Y POR QUÉ SON CLAVE EN EL AUTISMO?

Las funciones ejecutivas (FE) son un conjunto de habilidades cognitivas que nos permiten planificar, organizar, regular nuestra conducta y adaptarnos a diferentes situaciones. Estas habilidades nos permiten realizar de forma independiente y exitosa las actividades de la vida diaria (AVD), permitiendo la descodificación, planificación y ejecución de acciones que nos ayudan a enfrentar desafíos del entorno en cada situación específica (Tirapu et al., 2017). En las funciones ejecutivas se incluyen la memoria de trabajo, el control inhibitorio, la flexibilidad cognitiva, la toma de decisiones o la regulación emocional y todas estas habilidades **son esenciales para el aprendizaje, la autonomía y la interacción social**.

Diferentes teorías avalan que las personas autistas pueden presentar dificultades en la función ejecutiva, lo que se puede manifestar en una disminución de la capacidad para adaptarse a entornos cambiantes, la dificultad de seguir instrucciones, gestionar su tiempo o controlar impulsos.

El desarrollo de las funciones ejecutivas

Empieza en la infancia y continúa hasta la adolescencia y la adultez temprana. Por ello, es fundamental que tanto docentes como familias conozcan estrategias prácticas para desarrollar y fortalecer estas habilidades, tanto en el aula como en casa, a través de actividades estructuradas y desafíos adecuados a la edad.

IMPORTANCIA DEL APOYO DESDE LA FAMILIA Y LA ESCUELA:

El desarrollo de las funciones ejecutivas requiere práctica, puesto que no ocurre de manera automática, pero con una buena intervención, con guía y apoyo, se pueden mejorar estos procesos tan necesarios para prosperar en la vida diaria.

En el caso de los niños o niñas y adolescentes autistas, el trabajo colaborativo entre la escuela y la familia es clave para crear un entorno estructurado y predecible que favorezca el desarrollo de estas habilidades.

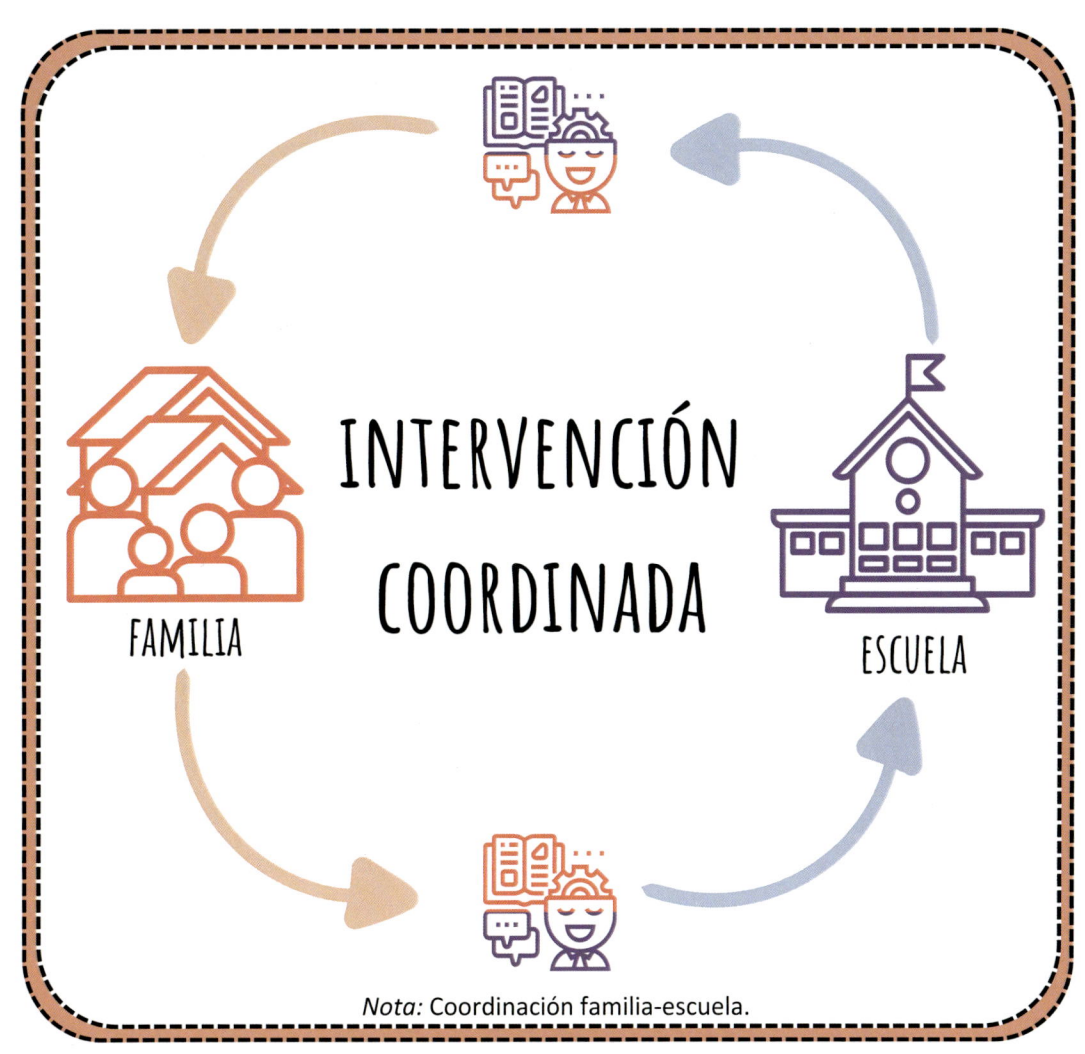

INTERVENCIÓN
COORDINADA

FAMILIA

ESCUELA

Nota: Coordinación familia-escuela.

Esta unión es fundamental porque garantiza un **apoyo integral y coherente** en el desarrollo de la persona con la que se interviene. La familia aporta la información sobre las necesidades, desafíos e intereses del niño o niña en casa, mientras que los y las docentes observan cómo se desenvuelve en el ámbito escolar. Un trabajo conjunto facilita la identificación temprana de posibles barreras o dificultades en el aprendizaje o la socialización, permitiendo implementar los ajustes que se consideren oportunos a tiempo.

Este libro ofrece herramientas prácticas y accesibles para docentes y familias, con el fin de facilitar el desarrollo de las funciones ejecutivas en niños y niñas o adolescentes autistas, y así promover su autonomía y bienestar.

AUTISMO

El término que alude al Trastorno del Espectro Autista (TEA) ha sido asignado a un trastorno del neurodesarrollo, al que, desde su aparición hasta el día de hoy, se le han ido añadiendo diferentes afecciones dentro de una sola categoría diagnóstica. El autismo ha sido motivo de estudio en los últimos años debido a los desafíos que presentan las personas que viven con esta condición, la singularidad de cada caso, sus diferentes manifestaciones y su prevalencia de 1/160 en la sociedad, según datos de la Organización Mundial de la Salud. Sin embargo, actualmente hay diversos estudios que defienden que la prevalencia es mucho mayor, y que los nuevos datos pueden deberse a la mejora de los métodos diagnósticos y a la formación de los profesionales y las profesionales sobre esta **condición**.

Si nos basamos en los manuales diagnósticos, entre las características centrales del autismo se encuentran los desafíos en la comunicación y en la interacción social, los comportamientos repetitivos y restringidos o los déficits sensoriales.

Criterios diagnósticos del DSM-V (2013)
Área A: Déficits persistentes en la comunicación e interacción sociales
A.1 Déficits en la reciprocidad socioemocional.
A.2 Déficits en la conducta comunicativa no verbal.
A.3 Déficits en la capacidad de desarrollar y mantener relaciones.
Área B: Patrones restrictivos y repetitivos de comportamiento, intereses o actividades
B.1 Comportamientos motores o verbales estereotipados o repetitivos.
B.2 Insistencia en la uniformidad, resistencia al cambio en los entornos de rutina.
B.3 Intereses restringidos, fijos y muy intensos que son anormales en cuanto a intensidad o enfoque.
B.4 Híper o hipo reactividad delante de estímulos sensoriales.
Área C: La manifestación de la sintomatología ha de darse tempranamente, aunque pueden no revelarse o quedar enmascarados hasta que la demanda social sobrepase sus capacidades
Área D: Deterioro clínico significativo en el área social, académico, laboral u otras áreas necesarias para llevar una vida plena y satisfactoria.

Nota: Elaboración propia. Basado en DSM-V, (2013)

Actualmente, y después de numerosos estudios, los criterios identificativos se han ampliado y se ha apostado por un diagnóstico multidisciplinar y diferencial, cambiando terminologías para hacerlas más inclusivas, añadiendo criterios y conociendo mejor la condición.

> El autismo es una condición del neurodesarrollo que influye en la forma en que una persona percibe, comprende e interactúa con el mundo, manifestándose de manera única en cada individuo.

MITOS SOBRE EL AUTISMO:

Antes de seguir avanzando, se ha considerado necesario hablar sobre diferentes mitos que aún hay en torno a esta condición, los cuales pueden generar malentendidos, estigmatizar y **generar barreras para la inclusión y el bienestar de las personas autistas**. Entre los conceptos erróneos que hay, encontramos los siguientes:

El autismo es una enfermedad

El autismo es una condición del neurodesarrollo con la que se nace y que acompaña a la persona durante todas las etapas de la vida, hasta que se muere. No tiene cura, puesto que no es una enfermedad, sino una forma diferente de procesar la información, pensar y percibir el mundo. Esta manera natural de ser y experimentar la realidad es resultado de diferencias en el funcionamiento del cerebro, como parte del paradigma de la *Neurodiversidad*.

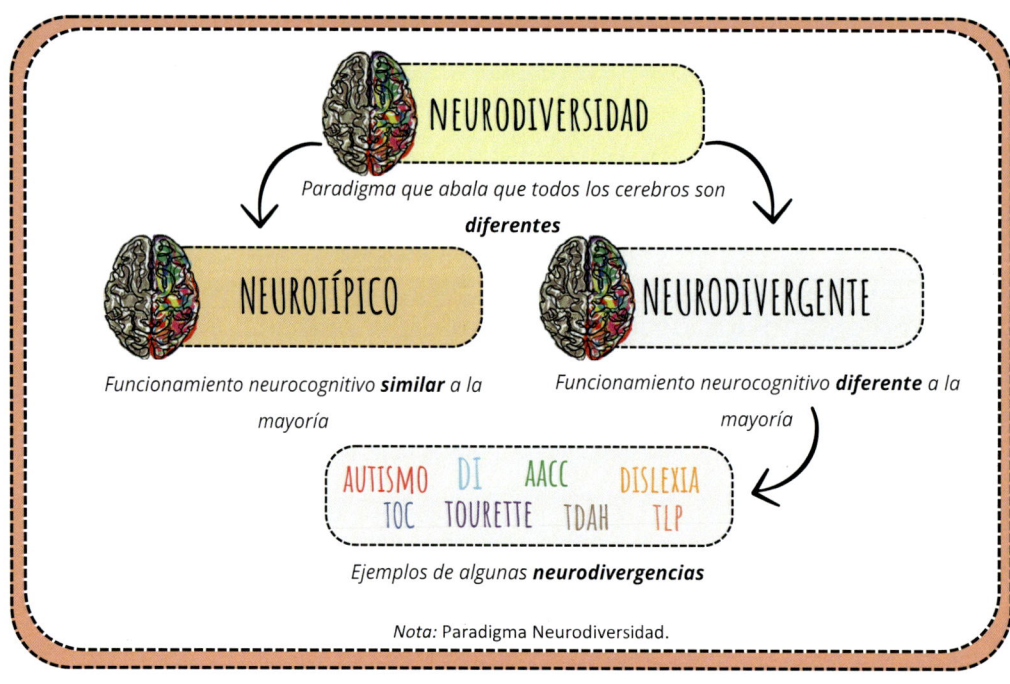

NEURODIVERSIDAD

Paradigma que abala que todos los cerebros son **diferentes**

NEUROTÍPICO

Funcionamiento neurocognitivo **similar** *a la mayoría*

NEURODIVERGENTE

Funcionamiento neurocognitivo **diferente** *a la mayoría*

AUTISMO DI AACC DISLEXIA
TOC TOURETTE TDAH TLP

Ejemplos de algunas **neurodivergencias**

Nota: Paradigma Neurodiversidad.

Las personas autistas pueden tener formas distintas de comunicarse, aprender y relacionarse, y pueden necesitar apoyos y adaptaciones diferentes a las personas *neurotípicas* para que puedan ser ellos y ellas mismas en igualdad de condiciones.

Dentro del espectro, encontramos distintas clasificaciones:

- **Grado 1:** Personas con necesidad de apoyo.

- **Grado 2:** Personas con notable necesidad de apoyo.

- **Grado 3**: Personas con mucha necesidad de apoyo.

Estas clasificaciones están pensadas para identificar la necesidad de adaptaciones que requiere la persona y han ayudado a cambiar terminologías discriminatorias como «muy autista» o «poco autista», o «autismo de alto funcionamiento».

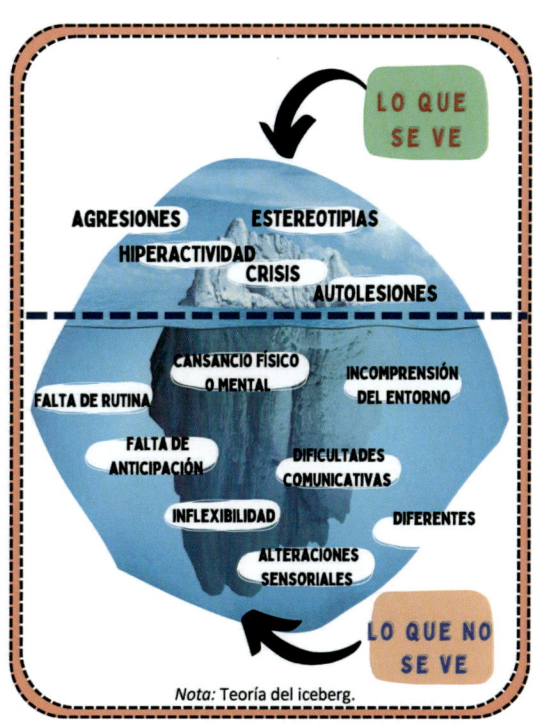

Nota: Teoría del iceberg.

Están en su mundo

Las personas autistas no están en su mundo, están en el tuyo, en el nuestro, en el de todas y todos. Esta frase es estigmatizante y demuestra una gran falta de comprensión sobre la condición. Si una persona autista parece distante o evita la interacción, puede ser debido a sobrecarga sensorial, ansiedad o dificultades en la comunicación, y no porque esté «desconectada» o «aislada por elección». Por eso es tan importante conocer los desafíos que presenta cada una y enseñar a todos y a todas cómo relacionarse con personas que tienen una manera diferente de procesar los estímulos que nos rodean, una manera igual de válida.

Las personas autistas no tienen sentimientos

El mito de que las personas autistas no tienen sentimientos es completamente falso y perjudicial. Las personas *neurodivergentes* experimentan una amplia gama de emociones, al igual que cualquier otra persona. Sin embargo, hay una serie de malentendidos que pueden contribuir a la propagación de este mito.

Una posible característica común del autismo es que las personas pueden presentar dificultades para expresar sus emociones de la misma manera que otras personas *neurotípicas*. A este hecho se le llama **alexitimia,** que es la dificultad para identificar, expresar y comprender las emociones propias y, en algunos casos, las de los demás. Característico en personas con un pensamiento muy concreto y pragmático, con dificultades para el pensamiento abstracto, la introspección y la creatividad. No es un trastorno en sí mismo, sino un rasgo que puede estar presente en diversas condiciones.

El autismo es un espectro, lo que significa que cada persona tiene una experiencia única. Algunas personas autistas pueden ser muy expresivas y emocionales, mientras que otras pueden ser más reservadas.

El autismo solo está presente en niños

Este ha sido uno de los mitos que más se ha propagado desde que se empezó a estudiar la condición: pensar que el autismo es menos común en mujeres que en hombres, y que solo una de cada cuatro personas autistas es mujer. Siempre ha sido una condición que se ha asociado a los hombres o niños, y a causa de esto ha habido un infradiagnóstico en mujeres. Muchas de estas mujeres han sido diagnosticadas en la edad adulta, lo que esto ha supuesto un impacto en su salud mental y social.

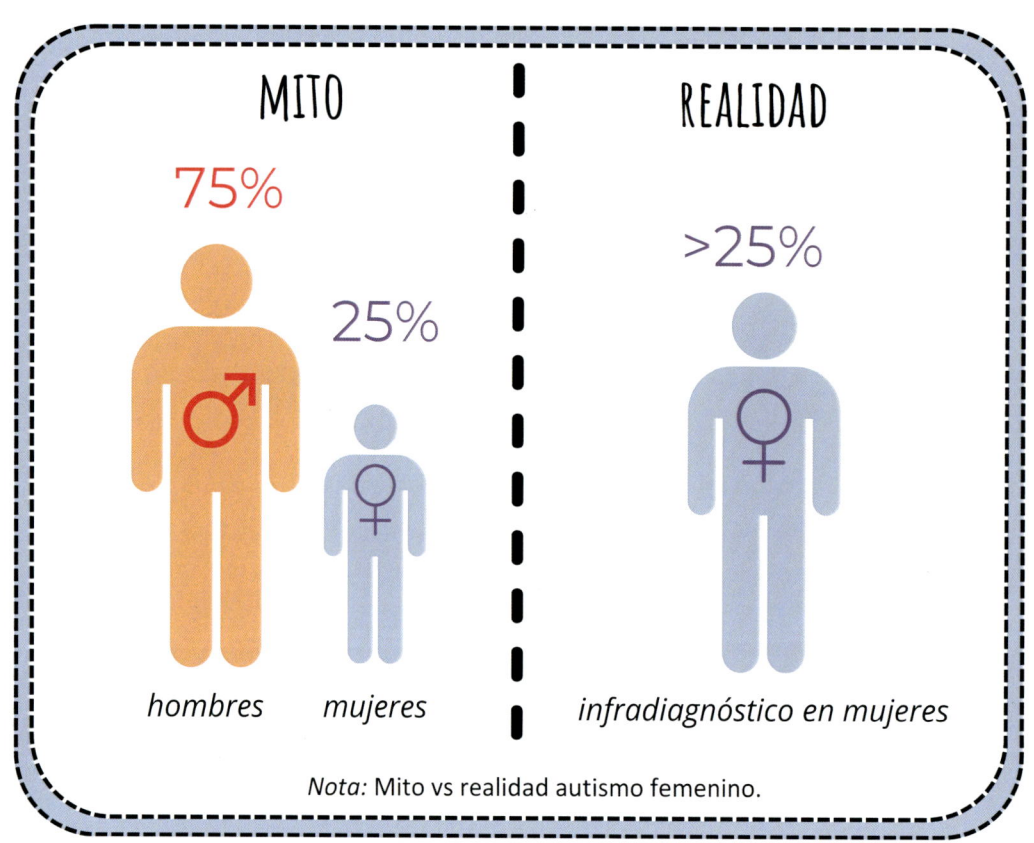

MITO | REALIDAD

75%
25%
>25%

hombres   mujeres

infradiagnóstico en mujeres

Nota: Mito vs realidad autismo femenino.

¿A qué se debe el infradiagnóstico en mujeres?

● **El autismo puede manifestarse diferente en hombres que en mujeres**:

A menudo las niñas o mujeres muestran manifestaciones menos evidentes o diferentes a las de los hombres. Las mujeres pueden tener intereses más adaptativos, menos comportamientos repetitivos y pueden mostrar una mayor capacidad para imitar patrones sociales o «camuflar» los comportamientos que se asocian al autismo, lo que dificulta su diagnóstico.

● **Marco diagnóstico enfocado a los varones**:

La mayoría de las investigaciones sobre el autismo se han basado en muestras predominantemente masculinas, lo que ha llevado a que los criterios diagnósticos estén más enfocados en las manifestaciones típicas en hombres. Esto significa que los comportamientos en mujeres pueden no ser reconocidos adecuadamente o se interpretan como parte de otras condiciones, como trastornos de ansiedad o trastornos de personalidad.

● **Expectativas sociales y de género**:

Las expectativas tradicionales sobre cómo deben comportarse las mujeres pueden influir en el diagnóstico, de modo que sus dificultades para relacionarse pueden ser subestimadas o atribuidas a la timidez, a problemas emocionales o de salud mental, en lugar de reconocerlas como manifestaciones de autismo.

● **Mayor capacidad de camuflaje social o «Masking»:**

Las mujeres autistas suelen desarrollar estrategias de *masking* para adaptarse a las normas sociales y encajar en diferentes contextos. Estas estrategias pueden incluir imitar las conductas de otros o forzar interacciones sociales. Esto puede dificultar que los y las profesionales de salud identifiquen el autismo, ya que las manifestaciones no son tan evidentes. El *masking* tiene muchas consecuencias negativas para las personas que lo practican, como la depresión, la ansiedad, la baja autoestima o la falta de identificación de la identidad propia.

3.1 DESAFÍOS EN LAS AULAS

En la actualidad, el autismo sigue representando un desafío significativo en el ámbito educativo debido a su complejidad y a la diversidad de sus manifestaciones.

Las personas autistas pueden enfrentar diversos desafíos en el entorno escolar, los cuales pueden afectar su aprendizaje y su adaptación.

Algunos de los principales desafíos personales incluyen:

● **Dificultades en la comunicación:**

Desafíos para comprender instrucciones verbales, interpretar lenguaje figurado o expresarse.

● **Interacción social compleja:**

Dificultades para entender normas sociales implícitas, establecer relaciones con compañeros y compañeras o participar en actividades grupales.

● **Rigidez cognitiva y resistencia al cambio:**

Preferencia por rutinas establecidas, ansiedad ante cambios inesperados en el aula o dificultad para adaptarse a nuevas estrategias de aprendizaje.

● **Déficits en funciones ejecutivas:**

Dificultad para organizar tareas, gestionar el tiempo, recordar secuencias de instrucciones y regularse emocionalmente.

● **Hipersensibilidad o hiposensibilidad sensorial:**

Respuestas intensas a ruidos, luces, texturas o contacto físico, que pueden generar distracción o malestar.

● **Regulación emocional y control de impulsos:**

Dificultad para gestionar la frustración. Debido a los puntos expuestos anteriormente, puede haber reacciones intensas ante situaciones estresantes.

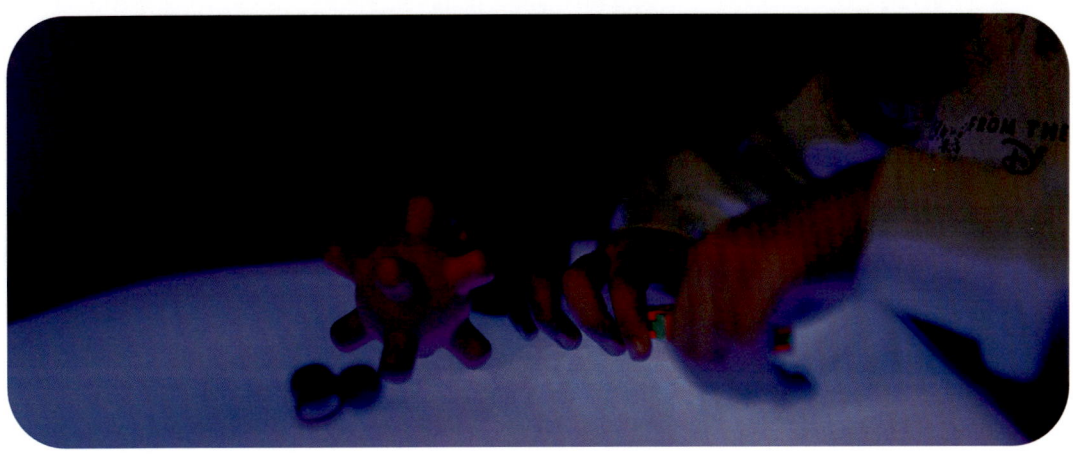

Además, el alumnado autista se enfrenta a otros desafíos a causa de las políticas que se aplican actualmente en las escuelas. El sistema educativo, aunque ha avanzado en materia de derechos e inclusión, sigue presentando múltiples barreras para dar salida a las necesidades de todo el alumnado. A pesar de la existencia de leyes que buscan garantizar el derecho a la educación en igualdad de condiciones, la realidad es que muchas políticas no responden adecuadamente a las necesidades de este colectivo:

● **Necesidad de formación docente en Neurodiversidad:**

A pesar de las normativas sobre educación inclusiva, la mayoría de los y las docentes no recibe formación específica en autismo o en necesidades específicas de aprendizaje. Esto dificulta la aplicación de estrategias adecuadas en el aula y puede generar situaciones de estrés tanto para el alumnado como para los profesionales del sector educativo.

● **Necesidad de apoyos y recursos especializados:**

Aunque se reconoce el derecho a apoyos, como terapeutas ocupacionales, psicólogas o educadores de soporte, estos recursos no siempre están disponibles en los centros educativos. Las familias deben luchar constantemente para conseguir las ayudas necesarias para sus hijos.

● **Ratios muy por encima de las necesarias:**

Las ratios continúan siendo muy altas y es imposible dar salida a las necesidades de tantos niños y niñas a la vez.

● **Inclusión forzada sin los recursos necesarios:**

Es difícil acompañar a alumnos y alumnas autistas en aulas ordinarias sin realizar ajustes significativos. Sin estrategias adecuadas, esto puede generar sobrecarga sensorial, ansiedad y dificultades para participar en el aprendizaje de manera efectiva.

Aunque el autismo no tiene cura, ya que no es una enfermedad, con intervenciones adecuadas es posible desarrollar habilidades que faciliten la autonomía y la calidad de vida de la persona. En los siguientes capítulos, exploraremos estrategias prácticas para abordar estos desafíos y fomentar un ambiente favorable tanto en el aula como en casa.

FUNCIONES EJECUTIVAS

¿QUÉ ES LA NEUROPSICOLOGÍA?

La neuropsicología es una neurociencia que tiene por objetivo principal el estudio del cerebro y las funciones cognitivas, con la relación que hay entre este órgano y la conducta de las personas.

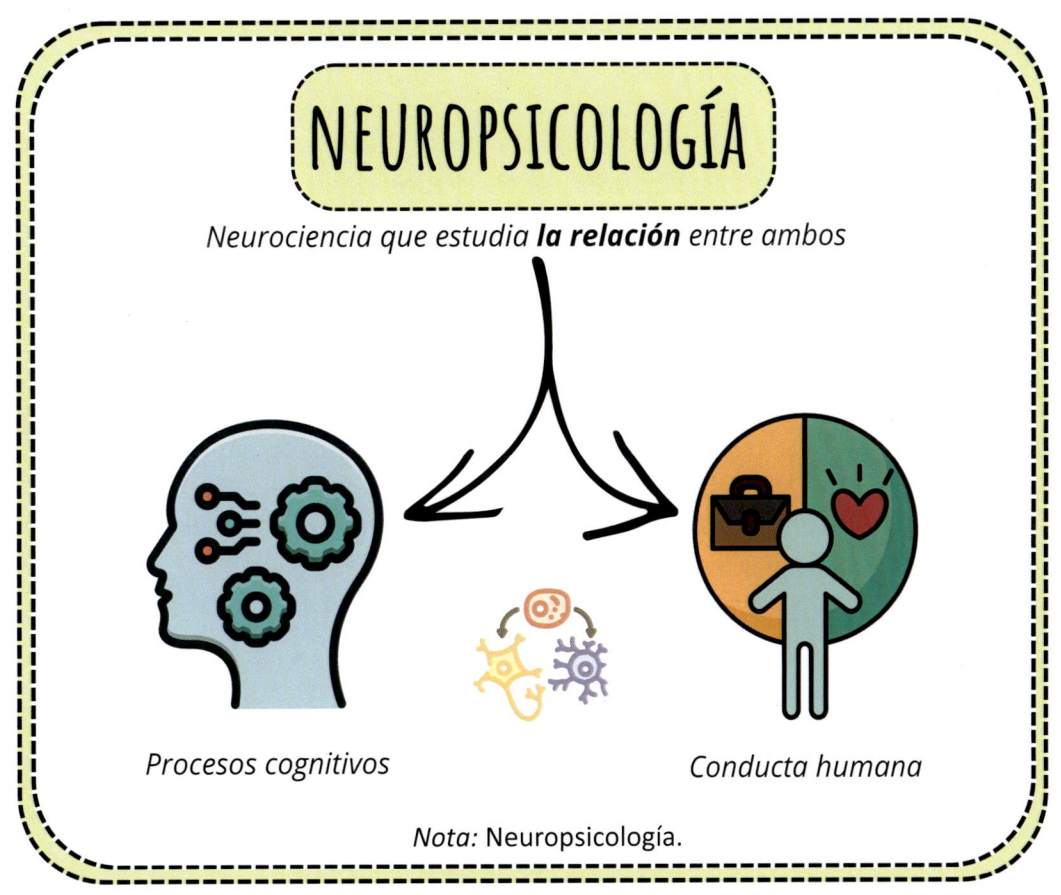

Nota: Neuropsicología.

¿QUÉ SON LAS FUNCIONES EJECUTIVAS?

Aunque aún no hay un consenso respecto a una única definición unificada de este término, gran parte de los autores y autoras defienden que el concepto funciones ejecutivas (FE) se usa para definir a un conjunto de habilidades cognitivas superiores que coordinan y regulan procesos cognitivos complejos, los cuales derivan en la conducta humana.

Es decir, las funciones ejecutivas son las encargadas de dotarnos de habilidades para poder llevar a cabo las actividades de la vida diaria (AVD) con éxito, permitiéndonos la planificación y organización del día, la adecuación al entorno según el contexto y la toma de decisiones, favoreciendo las interacciones sociales y, por ende, nuestra calidad de vida.

¿QUÉ SON LAS ACTIVIDADES DE LA VIDA DIARIA?

Las AVD son las tareas esenciales que una persona realiza cotidianamente para vivir con autonomía e independencia. Dentro de estas tareas encontramos dos subgrupos importantes:

AVD básicas:

Hablamos de las actividades esenciales para el autocuidado relacionadas con el cuerpo, como la alimentación, el aseo personal, el vestido, la movilidad y el control de esfínteres.

AVD instrumentales:

En este caso, hablamos de las actividades más complejas que permiten una vida independiente, como preparar comidas, manejar dinero, usar transporte, hacer compras o gestionar el hogar.

EJEMPLOS ACTIVIDADES DE LA VIDA DIARIA	
BÁSICAS (ABVD)	**INSTRUMENTALES (AIVD)**
HIGIENE PERSONAL: (bañarse, lavarse las manos y los dientes)	PREPARACIÓN DE ALIMENTOS (cocinar comidas sencillas y organizar ingredientes)
VESTIRSE Y DESVESTIRSE: (seleccionar y ponerse la ropa adecuada)	USO DEL TRANSPORTE (desplazarse en autobús, tren o automóvil)
ALIMENTACIÓN (comer y beber de forma autónoma)	MANEJO DEL HOGAR (limpiar, organizar y realizar tareas domésticas).
CONTROL DE ESFÍNTERES (uso del baño y manejo de necesidades fisiológicas)	USO DE LA TECNOLOGÍA (hacer llamadas, enviar mensajes o utilizar dispositivos electrónicos)
MOVILIDAD FUNCIONAL (levantarse, sentarse, caminar y trasladarse).	GESTIÓN DEL DINERO (realizar pagos, administrar gastos y hacer compras)
DESCANSO Y SUEÑO (rutina adecuada para el sueño y el descanso).	GESTIÓN DE LA MEDICACIÓN (recordar y tomar medicamentos según indicaciones)

Nota: Elaboración propia. Basado en diversos autores y autoras.

> Las funciones ejecutivas intervienen y son responsables del control, la regulación y la planeación de la conducta. permitiendo de esta manera, la realización de Actividades de la Vida Diaria (AVD) productivas y beneficiosas, de manera independiente e intencional, de forma exitosa y significativa en cada situación especifica.
>
> (Flores y Ostrosky, 2012).

4.1 TIPOS DE FUNCIONES EJECUTIVAS

Tal y como se ha comentado antes, no hay un acuerdo claro en cuanto a los componentes de las funciones ejecutivas, y podemos encontrar diferenciaciones según el autor que se consulte. Basándonos en la teoría de Tirapu et al. (2017), los procesos ejecutivos que determinan la conducta humana son los siguientes:

Tirapu et al., (2017)	Definición procesos ejecutivos
Velocidad de procesamiento	Se refiere a la velocidad en que se procesa una información desde que se recibe un estímulo, hasta que se le da una respuesta.
Memoria de trabajo	Se comprende como la capacidad de capturar, transformar, mantener y maniobrar datos. Permite mantener temporalmente y manipular activamente la información relevante para llevar a cabo tareas mentales complejas.
Fluidez verbal	Capacidad de acudir a la memoria a largo plazo, con el fin de acceder a las palabras y emplear tareas de fluidez verbal, fonológica y semántica.
Inhibición	Capacidad del cerebro para controlar o inhibir ciertos pensamientos, emociones o comportamientos que podrían inferir con tareas específicas o con el logro de una meta.
Ejecución dual	Las actividades de doble ejecución (dual) son ejemplos clásicos que ponen a prueba la memoria de trabajo al aumentar la demanda cognitiva. Estas tareas implican llevar a cabo simultáneamente actividades distintas, comúnmente una relacionada con el lenguaje verbal y otra con la percepción visual o espacial.

Nota: Elaboración propia. Basado en Tirapu *et al.* (2017)

Tirapu et al., (2017)	DEFINICIÓN PROCESOS EJECUTIVOS
FLEXIBILIDAD COGNITIVA	La capacidad de adaptar eficazmente los procesos mentales a las demandas ambientales cambiantes, es decir, la capacidad de cambiar métodos o estrategias cognitivas en respuesta a nueva información o situaciones.
PLANIFICACIÓN	Capacidad de anticiparse a futuros ensayos, creando hipótesis sobre futuros desafíos y propuestas de soluciones. La organización y planificación de estrategias para lograr objetivos.
TOMA DE DECISIONES	La capacidad de evaluar opciones, anticipar consecuencias y seleccionar la mejor alternativa en función de los objetivos y el contexto.
PARADIGMAS MULTITAREAS	Implican la capacidad de manejar varias actividades cognitivas al mismo tiempo, activando procesos y subprocesos.

Nota: Elaboración propia. Basado en Tirapu *et al.* (2017)

Velocidad de procesamiento:

Esta función ejecutiva hace referencia a la velocidad con la que se procesa una información, desde que se recibe un estímulo hasta que se le da una respuesta.

Memoria de trabajo:

Se comprende como la capacidad de capturar, transformar, mantener y maniobrar datos. Permite mantener temporalmente y manipular activamente la información relevante para llevar a cabo tareas mentales complejas.

Fluidez verbal:

Capacidad de acudir a la memoria a largo plazo* con el fin de acceder a las palabras y emplear tareas de fluidez verbal, fonológica y semántica.

*La memoria a largo plazo es el sistema de almacenamiento en el cerebro que retiene información de manera permanente o por períodos prolongados, permitiendo el recuerdo de hechos, experiencias y conocimientos adquiridos a lo largo del tiempo.

Inhibición:

Capacidad del cerebro para controlar o inhibir ciertos pensamientos, emociones o comportamientos que podrían inferir con tareas específicas o con el logro de una meta.

Ejecución dual:

Las actividades de doble ejecución (dual) son ejemplos clásicos que ponen a prueba la memoria de trabajo al aumentar la demanda cognitiva. Estas tareas implican llevar a cabo simultáneamente actividades distintas, comúnmente una relacionada con el lenguaje verbal y otra con la percepción visual o espacial*.

*La percepción visual o espacial es la capacidad de interpretar y reconocer información sobre el entorno a través de la vista, como la forma, el tamaño, la distancia y la posición de los objetos.

Flexibilidad cognitiva:

La capacidad de adaptar eficazmente los procesos mentales a las demandas ambientales cambiantes, es decir, la capacidad de cambiar métodos o estrategias cognitivas en respuesta a nueva información o situaciones.

Planificación:

Capacidad de anticiparse a futuros ensayos, creando hipótesis sobre futuros desafíos y propuestas de soluciones. Implica la organización y planificación de estrategias para lograr objetivos.

Toma de decisiones:

La capacidad de evaluar opciones, anticipar consecuencias y seleccionar la mejor alternativa en función de los objetivos y el contexto.

Paradigmas multitareas:

Implican la capacidad de manejar varias actividades cognitivas al mismo tiempo, activando procesos y subprocesos simultáneamente.

El buen funcionamiento ejecutivo, que implica una gestión eficiente de las habilidades cognitivas, emocionales y conductuales, no solo optimiza el rendimiento en el ámbito académico y personal, sino que también se traduce en una mejora sustancial de la calidad de vida Nos permite tomar decisiones más conscientes, manejar el estrés de manera más efectiva y alcanzar un equilibrio entre las responsabilidades y el autocuidado, lo cual favorece un bienestar integral de la persona.

AUTISMO Y FUNCIONES EJECUTIVAS

La capacidad de controlar impulsos, regular emociones y adaptarse a diferentes situaciones sociales es fundamental para el éxito académico, las interacciones sociales y un buen desarrollo del nivel emocional de los estudiantes. Los alumnos y alumnas autistas pueden experimentar dificultades en estas áreas debido a los desafíos neuropsicológicos subyacentes, como déficits en la inhibición de respuestas automáticas o la rigidez cognitiva. Estas dificultades pueden manifestarse en problemas de conducta, dificultades para resolver conflictos, o falta de habilidades para trabajar en equipo, lo que afecta negativamente tanto su rendimiento académico como su equilibrio emocional. Por lo tanto, es crucial diseñar intervenciones educativas que aborden estas necesidades desde una perspectiva neuropsicológica, **fortaleciendo las funciones ejecutivas** para promover un desarrollo integral y una participación efectiva en el entorno escolar.

Múltiples estudios aseguran la relación existente entre el desarrollo social, la conducta disruptiva y las funciones ejecutivas, las cuales están intrínsecamente interconectadas en cuanto a la cognición e interacción humana. Los autores Muchiut et al. (2020) sostienen que las funciones ejecutivas serán mediadoras en la interacción social y asertiva con otras personas, facilitando la adaptación flexible del comportamiento en función del contexto social.

A continuación, se adjunta el trabajo de final de máster (TFM): *Propuesta de intervención para mejorar las habilidades sociales en adolescentes con autismo, de entre 14 y 15 años, a través del fortalecimiento de las funciones ejecutivas.*

En él, se podrá encontrar información más específica sobre la relación entre las funciones ejecutivas y las habilidades sociales, en relación con el autismo.

PARA SABER MÁS....

Nota: TFM N.Revelles

Teniendo en cuenta las dificultades que pueden presentar las personas autistas en cuanto a **planificación, flexibilidad cognitiva, inhibición o memoria de trabajo**, a continuación, se presentan diferentes actividades o tareas para fortalecerlas.

MEMORIA DE TRABAJO

FLEXIBILIDAD COGNITIVA

INHIBICIÓN

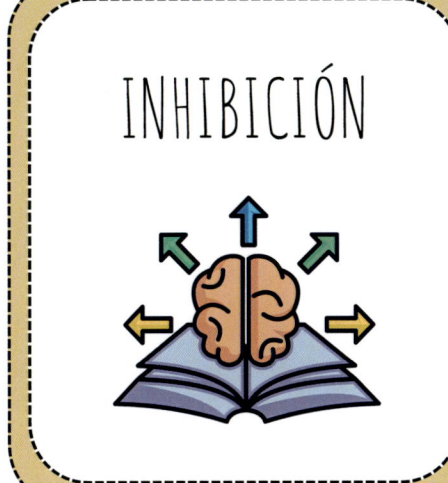

PLANIFICACIÓN

5.1 ACTIVIDADES PARA MEJORAR LA PLANIFICACIÓN

La función ejecutiva de planificación es fundamental para el éxito tanto en la vida personal como en la académica o profesional, ya que **permite gestionar de manera eficiente los recursos, el tiempo, las tareas y las metas.**

Una vez que una persona se propone una meta, debe ser capaz de concretar el plan a seguir para alcanzarla. Esta función ejecutiva nos da la capacidad de planificar y organizar, en tiempo y forma, las tareas a realizar para cumplirla, la secuencia a seguir, la capacidad de definir los plazos e iniciar la acción.

Para mejorar la capacidad de organización y planificación, hay una serie de medidas que podemos hacer desde la escuela o el hogar.

PLANIFICACIÓN

Características de un buen desempeño

- Mantiene el objetivo en mente en todo momento.
- Entiende bien la tarea y sus requerimientos.
- Identifica y sigue los pasos necesarios en el orden correcto.
- Distingue lo esencial de lo secundario dentro de la tarea.
- Decide cuándo empezar y lo hace en el momento adecuado.
- Evalúa el progreso a lo largo del proceso.
- Mantiene un ritmo adecuado y ajustado a los tiempos previstos.
- Reajusta la planificación en función de los logros obtenidos.

Estrategias de intervención

- Mantener siempre visibles los objetivos para que sean fáciles de recordar.
- Ayudar a representar los pasos a seguir mediante herramientas visuales.
- Usar esquemas gráficos o listas para organizar las tareas.
- Dividir grandes objetivos en pequeñas metas alcanzables.
- Fomentar el trabajo en equipo para compartir estrategias y enfoques.
- Enseñar a los estudiantes a guiarse mediante auto-instrucciones.
- Ofrecer apoyo cuando surjan dificultades, ajustando tiempos y evaluaciones.
- Motivar el esfuerzo y celebrar los logros intermedios.
- Brindar los recursos adecuados para cada tarea.
- Definir señales claras para indicar el inicio de la actividad.
- Recordar el tiempo transcurrido y cuánto falta para concluir.
- Permitir errores y analizar juntos cómo corregirlos.
- Incentivar la autoevaluación y la creación de herramientas de seguimiento.
- Enseñar a los estudiantes cómo supervisar su propio progreso.

Nota: Buen desempeño e intervención en planificación.

MÉTODO TEACCH

(*Tratamiento y Educación de Niños con Autismo y Problemas Relacionados con la Comunicación*).

El método TEACCH, propuesto por Eric Schopler en la década de los 70, tiene como objetivo principal mejorar el desarrollo social, comunicativo y la conducta de los niños y niñas a partir de la adaptación del entorno, teniendo en cuenta las habilidades y limitaciones de la persona. Se basa en varios principios fundamentales y estrategias diseñadas para ayudar a las personas autistas a desarrollar habilidades funcionales y a maximizar su independencia (Mulas et al., 2010)

Nota: Elaboración propia. Basado en Mulas et al,. 2010.

Este método se sustenta en el uso de apoyos visuales para ayudar a la comunicación comprensiva y expresiva del alumnado y tiene **tres pilares básicos,** todos ellos orientados a proporcionar un entorno predecible y comprensible para todas y todos: la **estructuración del espacio, la gestión del tiempo y la adaptación de los materiales y las tareas**.

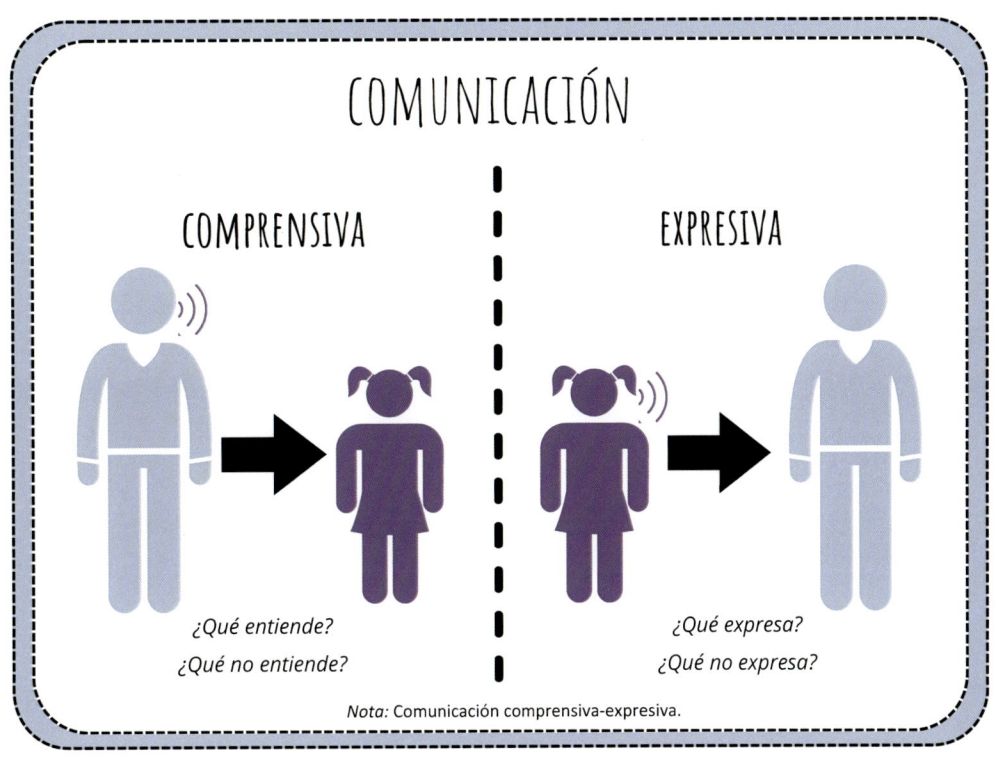

Nota: Comunicación comprensiva-expresiva.

1- ESTRUCTURACIÓN DEL ESPACIO:

Implica organizar los entornos por donde se mueve el niño o la niña de forma visual y estructurada, delimitando claramente cada área para que sepa dónde realizar cada actividad. Se pueden utilizar estanterías, alfombras o cintas de colores en el suelo para marcar los límites de cada área.

Para estructurar el aula, podemos **delimitar las siguientes zonas:**

1.1 ZONA DE TRABAJO AUTÓNOMO:

Espacio libre de distracciones con tareas estructuradas.

La mesa debe estar en un lugar tranquilo, sin estímulos innecesarios.

Se recomienda colocarla contra una pared o con separadores visuales para evitar distracciones.

El mobiliario debe ser adecuado a la altura del niño o la niña, asegurando comodidad y accesibilidad.

Sistema de trabajo de izquierda a derecha y de arriba a abajo:

- Se organizan las tareas de manera secuencial para facilitar la comprensión.

- Bandejas, cajas o carpetas con el material de trabajo se colocan a la izquierda.

- El niño o niña saca y completa una tarea, luego la coloca en un cajón de tareas terminadas a la derecha.

Se incluyen pictogramas, imágenes o palabras que indiquen el paso a paso.

Es importante que el niño o la niña realice tareas que ya ha hecho anteriormente y que sea capaz de realizar autónomamente.

1.2 ZONA DE TRABAJO GRUPAL:

Esta área está pensada para fomentar la interacción social estructurada, ayudando al alumnado a participar en actividades colectivas sin sentirse abrumado. Esta área también debe estar bien organizada y contar con apoyos visuales que faciliten la comprensión de las dinámicas grupales. Es recomendable contar con un número reducido de niños o niñas para favorecer la participación de todos y todas.

Actividades en las que cada niño o niña tenga un rol definido para evitar confusiones.

Juegos cooperativos con estructura clara, con turnos preestablecidos.

Uso de materiales manipulativos y accesibles para favorecer la comprensión.

Si se tiene proyector o pizarra digital, se puede optar por introducir conocimientos de manera visual mediante proyecciones estructuradas.

Acompañar en las habilidades sociales.

1.3 Zona de trabajo uno a uno (1x1):

Un espacio estructurado pensado para introducir nuevos aprendizajes, donde el niño o niña trabaja individualmente con un adulto (profesora, terapeuta o educadora) en actividades adaptadas a sus necesidades específicas. Este entorno permite personalizar el aprendizaje, reforzar habilidades y trabajar objetivos concretos con apoyo directo.

1.4 Zona de descanso o de la calma:

Esta zona debe estar en un área tranquila del aula, lejos de ruidos y distracciones en la medida de lo posible. Se pueden usar biombos, estanterías o cortinas para diferenciarla del resto del aula. Es recomendable que sea accesible en todo momento para que el niño o niña pueda usarla cuando lo necesite. En este espacio puede haber diferentes materiales que ayuden a la regulación emocional y a recuperar el estado de calma, como, por ejemplo:

- Cojines, alfombras o colchonetas para que puedan sentarse o tumbarse cómodamente.

- Luz tenue o regulable para evitar sobreestimulación visual.

- Pelotas antiestrés o juguetes sensoriales (spinners, mordedores).

- Botellas de la calma o lámparas de lava para ayudar a la relajación.

- Auriculares con cancelación de ruido si el niño o niña es sensible a los sonidos.

- Puedes añadir un tablero de emociones para ayudar al niño o niña a identificar cómo se siente y qué puede hacer para regularse.

- Cada niño o niña puede tener elementos específicos que le ayuden a relajarse según sus necesidades individuales específicas.

1.5 Zona de transición:

Se trata de un espacio estructurado dentro del aula que ayuda a los niños y niñas a comprender y gestionar los cambios entre actividades. Sirve para que se sitúen y sepan qué ha terminado y qué viene a continuación, reduciendo la ansiedad y mejorando la autonomía en los desplazamientos dentro del aula o entre espacios.

Es donde encontraremos la agenda visual, el horario y donde el alumno o alumna podrá anticipar o recordar las actividades o tareas.

2- GESTIÓN Y ESTRUCTURACIÓN DEL TIEMPO:

Se basa en el uso de horarios y calendarios visuales, secuencias de actividades y una agenda diaria visual, que permita anticipar qué sucederá a continuación, y el resto del día, y que ayude al alumno o la alumna a situarse.

¿Qué son y cómo nos ayudan los pictogramas?

Los pictogramas se definen como representaciones gráficas que utilizan imágenes o símbolos visuales para representar objetos, ideas, conceptos o acciones. Son herramientas visuales muy útiles, especialmente para personas con dificultades de comunicación, ya que facilitan la comprensión y expresión de información, son universales, facilitan la asimilación de conceptos abstractos o complejos y suelen ser simples y fáciles de reconocer.

2.1 LA AGENDA VISUAL:

Una agenda visual es una herramienta que ayuda a las personas que la usan a organizar su jornada de manera clara y ordenada. A través de imágenes o pictogramas, se muestra de forma secuencial lo que va a ocurrir durante el día, lo que les permite anticipar y comprender mejor las actividades que deben hacer. Este recurso visual facilita la comprensión de las rutinas diarias o eventos importantes, ayudando a las personas a sentirse más seguras y organizadas.

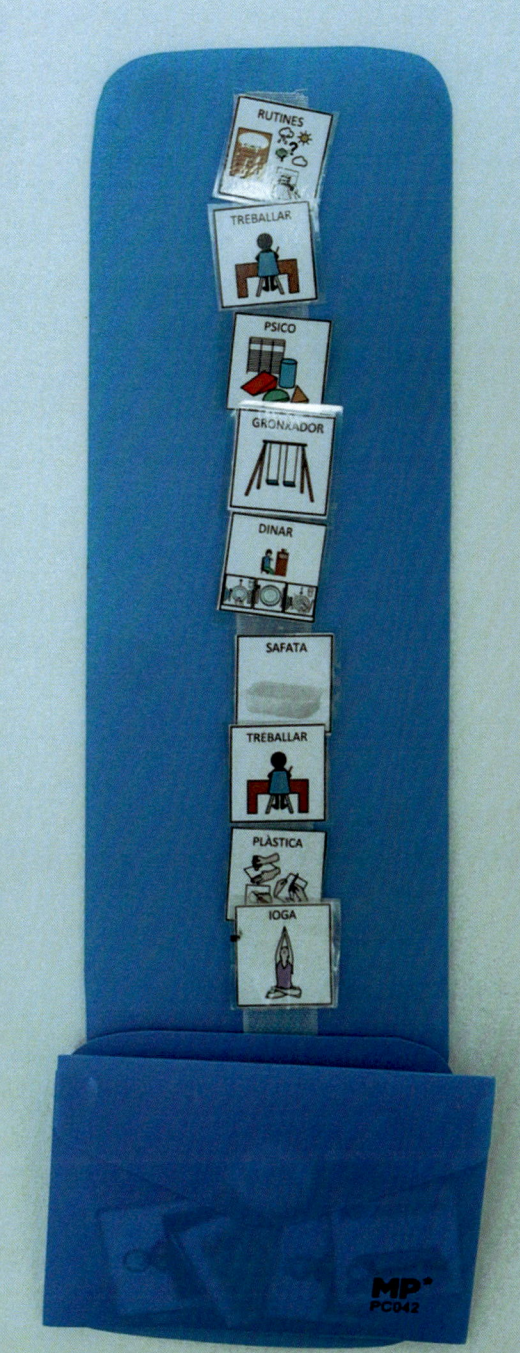

2.2 EL CALENDARIO VISUAL:

Es una herramienta similar a la agenda visual, pero está diseñado específicamente para mostrar las actividades o eventos a lo largo de un período de tiempo más amplio, como una semana, un mes o incluso un año. Utiliza imágenes, pictogramas o símbolos para representar los días, las fechas y las actividades correspondientes a cada uno de ellos.

2.3 LOS TIME TIMER O RELOJES DE ARENA:

Un *Time Timer* es un reloj visual diseñado específicamente para ayudar a las personas a gestionar el tiempo de manera visual y efectiva. A diferencia de los relojes tradicionales, el *Time Timer* muestra el paso del tiempo mediante un círculo que va disminuyendo conforme avanza el tiempo, lo que permite que la persona vea claramente cuánto tiempo queda para completar una actividad. Al ser una herramienta visual, resulta especialmente útil para niños y niñas o personas que tienen dificultades para entender el paso del tiempo solo con números o conceptos abstractos.

2.4 ORGANIZADOR DE RUTINAS DIARIAS:

Establecer rutinas diarias con los niños y niñas, como identificar qué día es hoy, qué tiempo hace, en qué estación del año están, qué actividades se realizarán o qué hay de menú en la escuela hoy, es una estrategia clave para brindar estructura, previsibilidad y seguridad.

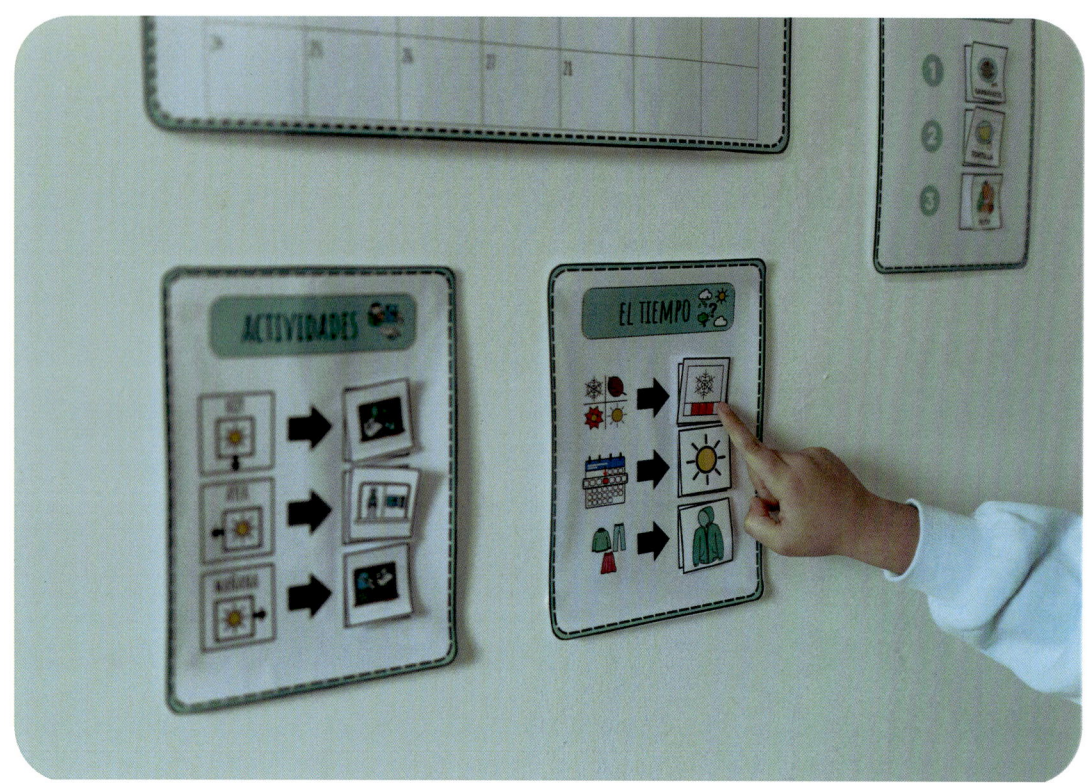

✎ Consejo práctico: ||||||||||||||||||||||||||||||||||||||||||||||||||||||

Puedes usar un panel de rutinas visual donde cada mañana los niños coloquen el día de la semana, el mes o el año, el clima, pasen la lista de compañeros y compañeras, se hable de las actividades programadas y se prepare el menú. A continuación, se adjuntan diferentes soportes que se pueden utilizar en las aulas:

DESCARGA EL MATERIAL

Nota: Soportes visuales aula.

3- ADAPTACIÓN DE LOS MATERIALES Y LAS TAREAS:

Consiste en presentar la información de manera visual, manipulativa y accesible, facilitando la comprensión y la independencia en la ejecución de tareas. Esta adaptación es un aspecto fundamental que busca ajustar los recursos educativos para satisfacer las necesidades específicas de cada niño o niña, teniendo en cuenta sus características cognitivas, sensoriales y de aprendizaje. Cada actividad tiene un sistema de trabajo claro con materiales organizados y accesibles.

Tareas cortas y previamente planificadas y explicadas.

Se pueden usar cajas de trabajo estructurado, donde cada una contiene una tarea con un inicio y un final bien definidos.

Los materiales pueden presentarse con apoyos físicos, como, por ejemplo, el uso de velcros.

Secuenciar las tareas en pasos bien estructurados.

Ofrecer tareas que sepan hacer autónomamente para favorecer la autoestima y la independencia.

La anticipación:

Las personas autistas suelen experimentar dificultades con la flexibilidad cognitiva, y los cambios inesperados pueden generarles estrés o bloqueo. La anticipación les da seguridad, promoviendo su autonomía y bienestar emocional.

Todas estas adaptaciones que nos ofrece el método TEACCH nos pueden ayudar a favorecer el desarrollo de la función ejecutiva de planificación, área en la que el alumnado autista puede presentar dificultades, ya que proporciona una guía externa para organizar acciones, gestionar el tiempo y completar tareas de manera autónoma. Gracias a este método, los niños y niñas aprenden a planificar y estructurar su día a día, promoviendo su independencia y facilitando su adaptación a diferentes entornos.

SECUENCIACIÓN DE TAREAS EN CASA:

Para fortalecer la capacidad de planificación y organización, la estructura clara y visual no solo es necesaria en las aulas, sino también en casa. Los soportes visuales del paso a paso nos pueden ayudar a fomentar la autonomía.

A la hora de crear una secuencia visual, se han de tener en cuenta las necesidades y habilidades que tiene el niño o la niña para dar el soporte exacto que necesita.

Para que estos apoyos visuales sean efectivos, es esencial que se adapten al nivel de comprensión y autonomía del niño o la niña. Algunas personas autistas pueden beneficiarse de imágenes reales, mientras que otras comprenderán mejor pictogramas o ilustraciones esquemáticas. La clave es presentar la información de forma clara y predecible para realizar cada paso de la rutina.

En el caso de las rutinas matutinas, un esquema visual puede incluir pasos como *levantarse, vestirse, desayunar y preparar la mochila*. Contar con una referencia visual permite que el niño o la niña anticipe lo que viene a continuación, disminuyendo el estrés y facilitando una transición más fluida entre actividades.

Para tareas de higiene personal, como lavarse los dientes, una secuencia bien estructurada puede desglosar cada paso: *aplicar la pasta de dientes, cepillar en diferentes direcciones, enjuagar la boca y guardar el cepillo en su lugar*. Este tipo de soporte es especialmente útil cuando hay dificultades en la planificación motora y también en la memoria de trabajo.

En lo que respecta a **las visitas al médico**, las imágenes pueden ayudar a preparar el proceso, mostrando desde la llegada a la consulta hasta la exploración médica. Este tipo de anticipación visual reduce la incertidumbre y contribuye a que la experiencia sea más predecible y llevadera.

DOCTOR TEA:

Esta página web es una herramienta diseñada para facilitar las visitas médicas de personas autistas. A través de viñetas, vídeos y animaciones, la plataforma ofrece un recorrido por diferentes espacios, profesionales y procedimientos médicos, ayudando a los usuarios a familiarizarse con el entorno sanitario. Accede aquí a la página:

DOCTOR TEA

Nota: www.doctortea.org

Por último, en las tareas del hogar, los apoyos visuales pueden guiar desde acciones sencillas, como recoger juguetes o poner la mesa, hasta responsabilidades más complejas, como organizar su ropa o preparar un bocadillo. Al dividir cada tarea en pequeños pasos visibles, se promueve una mayor independencia y se minimizan frustraciones.

> El uso de estos sistemas visuales no solo fortalece las funciones ejecutivas, sino que también mejora la confianza en uno mismo y fomenta una rutina estructurada que puede generalizarse a diferentes entornos de la vida cotidiana.

Es importante recordar que los soportes visuales no son estáticos ni permanentes. A medida que el niño o la niña adquiere mayor autonomía y desarrolla habilidades en planificación y organización, estos apoyos pueden **modificarse o retirarse progresivamente**.

Este proceso debe realizarse de manera gradual, observando cómo responde la persona a los cambios. Por ejemplo, si inicialmente se usaba una secuencia visual detallada con imágenes para ir al baño y lavarse las manos, con el tiempo se puede reducir a una lista más simple o incluso eliminarla si la rutina ya está internalizada. Se han de hacer ajustes según las nuevas necesidades.

El objetivo no es que el niño o la niña dependa indefinidamente de los soportes, sino que estos sean herramientas **flexibles** que evolucionen con su desarrollo. De esta manera, se fomenta una autonomía real y sostenible.

JUEGOS DE MESA PARA PLANIFICACIÓN Y ORGANIZACIÓN.

A través de diferentes juegos, los niños y niñas también pueden fortalecer la función ejecutiva de planificación mientras se divierten. A continuación, presentamos algunos ejemplos:

Cocinar una receta:

Medir ingredientes, seguir pasos en orden y anticipar tiempos les enseña a organizarse y a gestionar procesos secuenciales.

Bloques de construcciones:

Crear estructuras siguiendo un modelo o instrucciones. Este tipo de juego requiere organizar pasos, secuenciar acciones y prever resultados.

JUEGOS DE CONSTRUCCIÓN

Nota: Juegos planificación.

Rush Hour:

En este juego de lógica deben mover autos en un tablero para liberar el camino de salida. Nos ayuda a potenciar la planificación, la anticipación y la resolución de problemas.

RUSH HOUR

Nota: Juegos planificación.

5.2 ACTIVIDADES PARA MEJORAR LA MEMORIA DE TRABAJO

La **memoria de trabajo** es una de las funciones ejecutivas más importantes en el desarrollo cognitivo y el aprendizaje. Se define como la capacidad de mantener y manipular información en la mente durante cortos periodos de tiempo para completar una tarea (Tirapu et al., 2017). El desarrollo de la memoria de trabajo en el aula es fundamental porque influye en:

- **Comprensión lectora:** permite recordar el contenido de un texto mientras se interpretan nuevas oraciones

- **Resolución de problemas matemáticos:** facilita la retención de cifras y operaciones intermedias.

- **Atención sostenida:** ayuda a mantener información relevante mientras se ignoran distracciones.

- **Seguimiento de instrucciones:** permite recordar secuencias de pasos sin necesidad de repetir constantemente las indicaciones.

Cuando la memoria de trabajo es limitada, los estudiantes pueden tener dificultades para recordar información, perderse en explicaciones extensas o frustrarse ante tareas complejas. Por ello, es importante que los docentes diseñen actividades y estrategias específicas para reforzar esta habilidad.

# MEMORIA DE TRABAJO

Características de un buen desempeño

- Recoge y procesa la información de manera eficaz.
- Distingue entre datos importantes y aquellos que no lo son.
- Relaciona lo que aprende con experiencias previas.
- Recuerda la información de manera automática.
- Organiza y clasifica la información en categorías de conocimiento.
- Maneja simultáneamente una gran cantidad de información sin confundirse.
- Usa lo aprendido en nuevos contextos y situaciones.
- Mejora activamente su comprensión y capacidad de retención.
- Es consciente de sus propios aprendizajes y cómo los ha adquirido.

Estrategias de intervención

- Crear un ambiente de aprendizaje seguro y emocionalmente estable, donde se gestionen adecuadamente las emociones.
- Organizar períodos de trabajo con pausas para favorecer la concentración.
- Promover el movimiento y la actividad física para estimular el cerebro.
- Relacionar los contenidos de aprendizaje con los intereses de los alumnos, presentándolos de manera atractiva y motivadora.
- Fomentar la formulación de preguntas entre estudiantes y hacia el docente para reforzar el aprendizaje.
- Estructurar la información de manera clara y permitir su repetición en diferentes formatos (resúmenes, mapas conceptuales, preguntas, explicaciones).
- Establecer hábitos de aprendizaje con rutinas y estructuras claras.

Nota: Buen desempeño e intervención en memoria de trabajo.

ACTIVIDADES DE MEMORIA Y ATENCIÓN:

Las actividades en las que están implicadas la memoria y la atención, como los juegos de emparejamiento, recordar secuencias o repetir patrones, ayudan a fortalecer la capacidad de retener información a corto plazo, lo que facilita seguir instrucciones y recordar pasos en tareas diarias.

ACTIVIDAD VASOS DE COLORES

El juego de vasos de colores es una actividad estructurada en la que los niños y niñas deben apilar o colocar los vasos siguiendo un modelo visual determinado. Este juego es una excelente herramienta para fortalecer diversas funciones ejecutivas, especialmente la memoria de trabajo, ya que han retener la información del modelo mientras manipulan los vasos, lo que mejora su capacidad para mantener y procesar datos temporalmente.

Este juego es ideal tanto en entornos educativos como en casa, ya que combina diversión con aprendizaje.

DESCARGA LA ACTIVIDAD

Nota: Vasos de colores.

ACTiViDAD PaLoS DE coLoRES

La actividad de crear patrones con palitos de colores a partir de un modelo implica la organización y manipulación de información visual y espacial en la mente del niño o niña. Al seguir el modelo y replicar los patrones, se activa la memoria de trabajo, ya que el participante debe recordar los colores, la disposición y el orden de los palitos para construir el patrón correctamente. Este proceso exige no solo retener la información visual, sino también actualizarla y adaptarla conforme se avanza, lo que mejora habilidades cognitivas como la concentración, la planificación y la resolución de problemas.

DESCARGA LA ACTIVIDAD

Nota: Palos de colores.

TETRIS MANIPULATIVO

En esta actividad, el niño o la niña recibe una imagen que muestra un patrón de piezas de Tetris dispuestas en un soporte específico. La tarea consiste en recrear ese patrón en su propio espacio utilizando piezas de Tetris. El niño o niña debe identificar las formas, recordar cómo se han organizado en la imagen y luego posicionar las piezas de manera adecuada para replicar el modelo.

DESCARGA LA ACTIVIDAD

Nota: Tetris manipulativo.

Cuando una persona intenta reproducir un dibujo o una forma, necesita recordar detalles importantes del modelo original, como el tamaño, la forma, la orientación y la disposición de los elementos. Al observar un modelo y tener que plasmarlo, la memoria de trabajo se activa para mantener en la mente la imagen mientras se va reproduciendo. Esto requiere que la persona mantenga la información visual por un breve período y la utilice para replicar el patrón, lo que entrena la capacidad para almacenar y acceder rápidamente a la información visual.

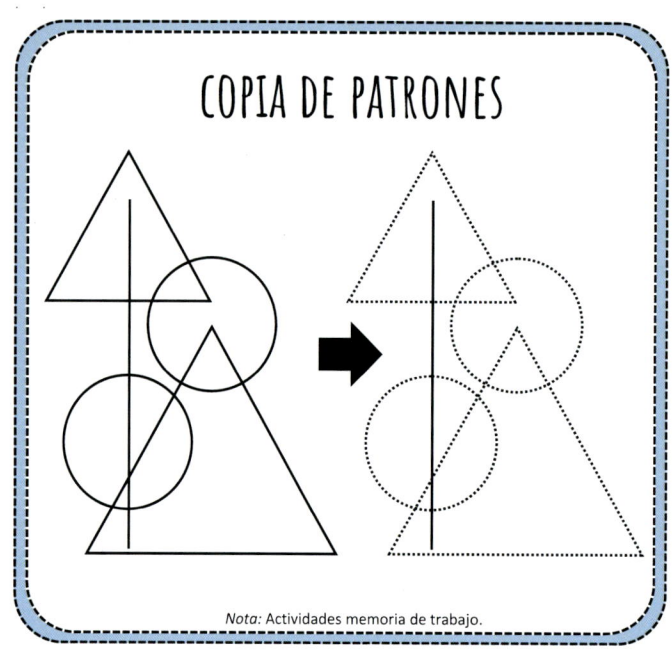

COPIA DE PATRONES

Nota: Actividades memoria de trabajo.

JUEGOS DE MEMORIA Y ATENCIÓN:

Los juegos de mesa son una herramienta muy buena para el alumnado, ya que trabajan habilidades cognitivas esenciales para el aprendizaje y la vida diaria. A través del juego, se pueden desarrollar de manera divertida y estructurada diferentes aspectos de las funciones ejecutivas.

MEMORY

Un clásico donde los jugadores o jugadoras deben voltear cartas y encontrar pares coincidentes. Este juego desafía la memoria de trabajo al recordar la ubicación de las cartas a medida que avanzan las rondas.

CODENAMES

En este juego, los jugadores deben dar pistas para que su equipo adivine las palabras correctas en un tablero. Requiere mantener múltiples conexiones entre las palabras y recordar las pistas dadas durante el juego.

Nota: Actividades memoria de trabajo.

DOBBLE

Los jugadores o jugadoras deben encontrar el símbolo común entre dos cartas en un tiempo limitado. Este juego exige rapidez en la memoria visual y la capacidad de concentrarse en patrones cambiantes.

Nota: Actividades memoria de trabajo.

SIMON

Un juego electrónico que implica repetir secuencias de colores y sonidos. Desafía la memoria de trabajo al exigir la retención y repetición de secuencias cada vez más largas.

Nota: Actividades memoria de trabajo.

BOGGLE

Los jugadores deben encontrar tantas palabras como puedan en un conjunto de letras dispuestas en una cuadrícula. Este juego pone a prueba la memoria de trabajo visual y verbal, ya que los jugadores deben recordar y formar palabras en un corto período de tiempo.

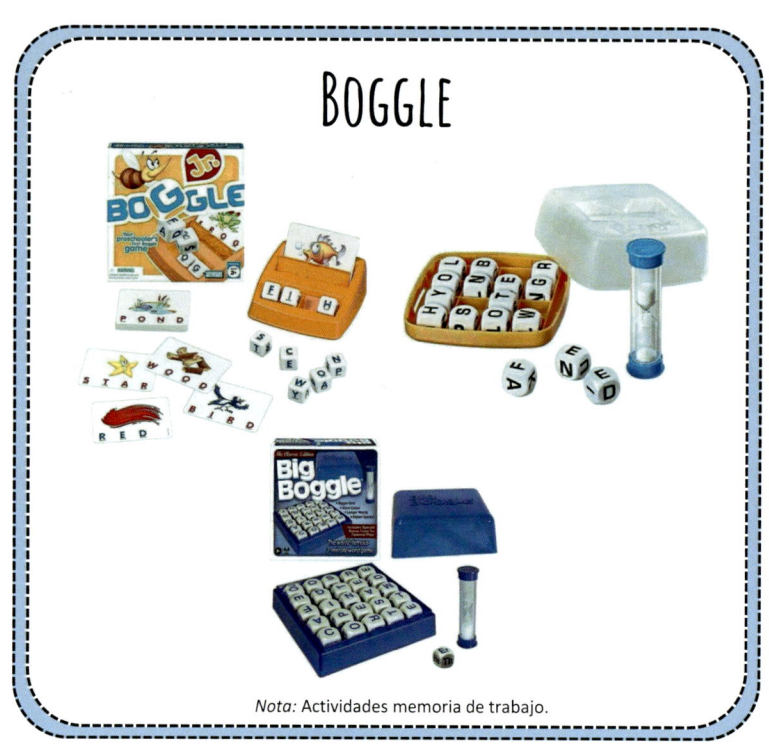

Nota: Actividades memoria de trabajo.

5.3 ACTIVIDADES PARA MEJORAR LA INHIBICIÓN

Fortalecer la respuesta inhibitoria ayuda a mejorar la autorregulación emocional y, por ende, conductual, favoreciendo interacciones sociales más adecuadas, un mejor rendimiento académico y un mayor control sobre las acciones impulsivas, que son áreas en las que pueden presentar desafíos las personas autistas.

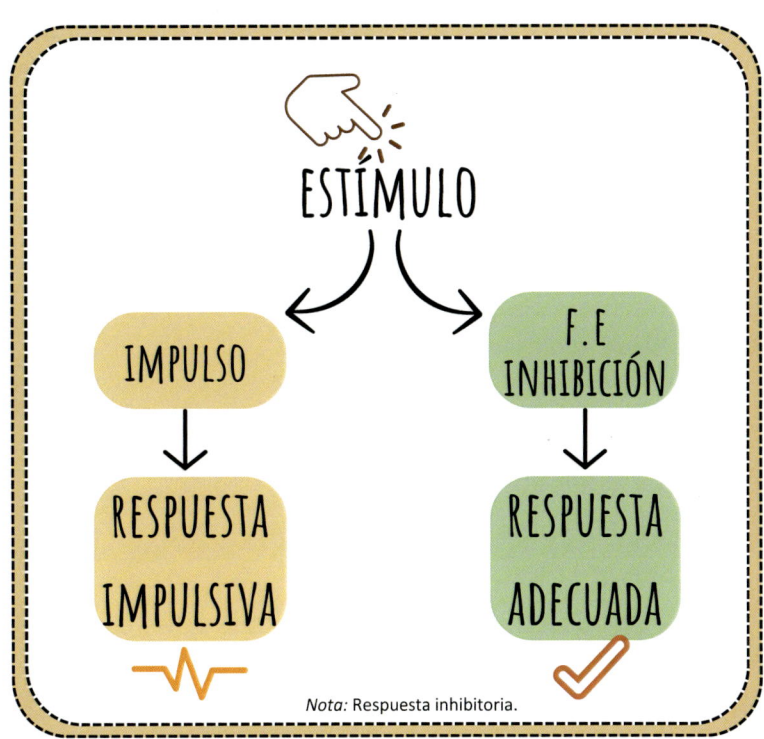

Nota: Respuesta inhibitoria.

La inhibición permite la propia regulación emocional del individuo, de tal forma que le permite reajustar su respuesta, quizás no proporcionada o adaptada al contexto, obien, anticiparse a cualquier situación (Tirapu et al., 2017). Está demostrado que las personas expresan emociones de un signo u otro según la información que van recogiendo de su entorno exterior, poniendo en el foco que todos los estímulos del medio son obtenidos en la interacción que se tiene con el entorno. Gran parte de esa información la recibe el sujeto de forma inconsciente de tal manera que muchas de sus respuestas —emociones fundamentalmente— son inconscientes. De no tener un hábil dominio de la habilidad de inhibición, posiblemente la persona encuentre dificultades para autorregularse.

> Las funciones ejecutivas son un constructo que comprende habilidades autorreguladoras de otros procesos cognitivos básicos y cumplen un papel de control, supervisión o autorregulador que ayudan a organizar la actividad cognitiva y emocional (Sastre, 2006).

A continuación, se proporcionan distintas actividades que pueden ayudar a potenciar la función inhibitoria.

 # INHIBICIÓN

Características de un buen desempeño

- Controla la respuesta impulsiva y reflexiona antes de actuar.
- Desarrolla respuestas apropiadas y ajustadas a cada contexto.
- Considera las posibles consecuencias de sus decisiones.
- Evalúa sus opciones en base a normas y criterios previamente aprendidos.
- Busca alternativas viables antes de elegir una respuesta.
- Analiza diferentes posibilidades antes de tomar una decisión.
- Escoge la mejor conducta o estrategia según la situación.
- Es consciente de sus elecciones y las lleva a cabo de manera intencional.
- Mantiene un ritmo adecuado en el proceso de toma de decisiones.
- Transforma en hábito las respuestas que han demostrado ser eficaces.

Estrategias de intervención

- Organizar el aula de manera que facilite la observación por parte del docente y promueva la interacción entre alumnos.
- Explicar y modelar las conductas esperadas con ejemplos prácticos al inicio de la sesión.
- Ayudar al alumnado a a reconocer sus estados emocionales.
- Desglosar los objetivos en metas alcanzables a corto plazo.
- Incorporar rutinas de trabajo que aporten estructura y previsibilidad.
- Proporcionar retroalimentación inmediata y reforzar conductas positivas con elogios o sistemas de recompensa.
- Ayudar al alumnado con la autoregulación emocional.
- Conocer el perfil del alumnado para ayudar con la mejor regulación emocional.
- Explicar desde el inicio cuál será la recompensa al completar una tarea correctamente.

Nota: Buen desempeño e intervención en inhibición.

REGULACIÓN EMOCIONAL

La regulación emocional se define como la habilidad para gestionar las emociones de manera adecuada. Implica ser consciente de cómo las emociones, los pensamientos y las acciones están conectados, utilizar estrategias efectivas para afrontar distintas situaciones y desarrollar la capacidad de generar emociones positivas por cuenta propia.

Las dificultades en la regulación emocional en algunas personas autistas se deben a una combinación de factores que pueden afectar la forma en que procesan y responden a las emociones. Algunas personas autistas pueden tener dificultades para reconocer, entender o comunicar sus emociones de una manera que se ajuste a las expectativas sociales o de su entorno.

Una de las razones por las cuales algunas personas autistas enfrentan estos desafíos es que el procesamiento sensorial puede ser diferente para ellas. Pueden mostrarse más sensibles a estímulos del entorno, como luces brillantes, ruidos fuertes o texturas que, para otras personas, podrían pasar desapercibidos. Esta sobrecarga sensorial puede generar una respuesta emocional intensa (*meltdown**), que puede ser difícil de manejar sin un apoyo adecuado.*Meltdown: es una respuesta intensa y desbordante ante una sobrecarga sensorial, emocional o cognitiva, común en personas autistas. No es un berrinche ni una conducta voluntaria, sino una reacción involuntaria cuando el cerebro se ve sobrepasado por estímulos o situaciones difíciles de gestionar.*

Además, las posibles dificultades en la teoría de la mente*, o la capacidad de entender las emociones y perspectivas de otras personas, pueden hacer que interpretar situaciones emocionales sea más complicado, lo que puede afectar la forma en que se manejan las propias emociones.

*Teoría de la mente: es una expresión usada para definir la capacidad cognitiva que nos permite comprender y predecir los pensamientos, emociones, creencias e intenciones de otras personas. Es fundamental para la interacción social, ya que nos ayuda a interpretar el comportamiento ajeno y ajustar nuestras respuestas en consecuencia (Baron-Cohen, 2014).

Es importante tener en cuenta que las dificultades en la regulación emocional no son una deficiencia, sino una manifestación de las diferencias cognitivas y sensoriales que forman parte del autismo. Cada persona autista puede desarrollar sus propias estrategias y apoyos para manejar sus emociones, y el acompañamiento y la comprensión adecuados son esenciales para ayudarles a encontrar formas efectivas de autorregularse en su día a día.

TÉCNICA DEL SEMÁFORO

La técnica del semáforo es una estrategia visual y práctica que ayuda a los niños y niñas a regular sus emociones y controlar sus impulsos. Se basa en asociar los tres colores del semáforo (rojo, amarillo y verde) con diferentes niveles de intensidad emocional o estados de comportamiento. Esta técnica les permite pausar, reflexionar y actuar de manera más controlada, favoreciendo el desarrollo de la **función ejecutiva de inhibición.**

¿Cómo funciona la técnica del semáforo?

Se utiliza un semáforo visual para guiar el proceso de autorregulación:

COLOR ROJO – ¡PARA! → Representa un momento de alta intensidad emocional (enfado, frustración, ansiedad). El objetivo es detenerse, reconocer cómo se sienten y no actuar impulsivamente.

COLOR AMARILLO – ¡PIENSA! → Es el momento de reflexionar y considerar las posibles soluciones o estrategias de calma. Se anima al niño o niña a preguntarse: «¿Qué está pasando? ¿Cómo puedo manejarlo?».

COLOR VERDE – ¡ACTÚA! → Cuando se ha calmado, el niño o niña puede elegir una respuesta adecuada o una acción más razonada. Aquí es donde se aplica la solución elegida de manera controlada.

Esta técnica ayuda a fortalecer la inhibición, ya que desarrolla el autocontrol y fomenta la reflexión a partir de una guía visual clara, favoreciendo que el niño o niña identifique y gestione sus emociones antes de que se intensifiquen. Aquí tenéis el enlace para poder descargarla:

DESCARGA LA ACTIVIDAD

Nota: Técnica del semáforo.

CÍRCULOS DE CONFIANZA

La dinámica de los **círculos de confianza** es una estrategia visual y estructurada que permite a las personas autistas comprender los diferentes niveles de relación y cercanía con los demás. Se basa en la representación gráfica de círculos concéntricos, donde el círculo más cercano representa a las personas de mayor confianza (familia y amistades cercanas), mientras que los círculos más externos incluyen conocidos, profesionales e incluso desconocidos.

Esta herramienta es útil para desarrollar la función ejecutiva de inhibición, ya que permite a los niños y niñas autistas regular sus respuestas y comportamientos en función del contexto social. Al poder tener dificultades para interpretar normas implícitas y gestionar la impulsividad en las interacciones, los círculos les ofrecen una guía visual que les ayuda a diferenciar qué tipo de información compartir, qué lenguaje utilizar y qué grado de proximidad física es adecuado en cada relación.

Por ejemplo, un niño o niña que trabaja con esta estrategia aprenderá que puede abrazar a sus familiares cercanos, pero que con sus docentes o compañeros de clase debe mantener cierta distancia y utilizar saludos más formales. También favorece la autorregulación emocional, evitando reacciones impulsivas ante interacciones inesperadas o cambios en las relaciones sociales.

Para trabajar esta dinámica, se pueden emplear soportes visuales con imágenes o pictogramas de personas significativas para el niño o niña, categorizadas en los distintos círculos. Además, se pueden realizar actividades prácticas como juegos de roles, donde se presenten situaciones sociales específicas y se refuercen las respuestas adecuadas en función del nivel de confianza.

Podéis descargar una actividad para trabajarlos aquí:

SOPORTES VISUALES PARA EL CONTROL DE IMPULSO

El soporte de la espera:

En la vida cotidiana, esperar puede ser un gran desafío para muchos niños y niñas autistas, ya que implica autorregulación, control de impulsos y tolerancia a la demora. La espera es una situación abstracta que, sin apoyo visual o estructural, puede generar frustración, ansiedad o conductas impulsivas. Para ayudar a que este proceso sea más comprensible y manejable, se ha desarrollado una herramienta sencilla pero efectiva.

Este recurso visual consiste en un *frisbee* de plástico (o cualquier otro objeto circular y tangible) en el que se coloca un pictograma con la palabra y la imagen de «esperar». Cuando se necesita que el niño o niña permanezca en un sitio sin moverse o sin actuar de inmediato, se le entrega el *frisbee* como una representación concreta y visual de que está en un momento de espera.

La idea principal es que el *frisbee* no es solo es un soporte visual, sino también un objeto físico que les ayuda a dar sentido a la acción de esperar. En lugar de recibir una indicación verbal abstracta como «espera un momento», el niño o niña tiene un elemento tangible que le indica lo que debe hacer y le da seguridad en la situación.

Es importante enseñar su significado antes de usarlo en situaciones reales. Se puede mostrar el pictograma y practicar breves momentos de espera. Se puede utilizar en la fila del colegio, en consultas médicas o en cualquier contexto donde el niño o niña deba esperar.

Si el *frisbee* no es adecuado para un niño o niña en particular, se pueden usar otros objetos similares, como una tarjeta, un cojín de espera o cualquier elemento que le resulte cómodo.

El soporte de la ayuda:

Otro ejemplo concreto para ayudar al control de impulsos es el soporte visual «Necesito ayuda», que consiste en un pictograma adherido a un objeto que niñas, niños y adolescentes pueden entregar a una persona adulta cuando requieran asistencia. Este recurso proporciona un mecanismo estructurado y accesible para solicitar ayuda sin ansiedad ni frustración, promoviendo una mayor seguridad y confianza en sus habilidades de comunicación.

JUEGOS Y ACTIVIDADES PARA LA INHIBICIÓN

JUEGOS CON PULSADORES

Los juegos con pulsadores de colores son una herramienta eficaz para trabajar la inhibición, ya que requieren que el jugador o la jugadora controle sus impulsos y responda solo en momentos específicos. En estos juegos, como los que implican pulsar botones al escuchar o ver una señal determinada, los participantes deben aprender a inhibir la acción inmediata de presionar el botón ante cualquier estímulo y solo hacerlo cuando se les indica de manera precisa. Esta dinámica fomenta la autorregulación, al obligar a los jugadores a poner en pausa su respuesta automática y pensar antes de actuar, un proceso clave para fortalecer la función ejecutiva de inhibición. Además, al incrementar la velocidad o dificultad progresivamente, se refuerza la capacidad de mantener el autocontrol en situaciones más complejas y de mayor presión.

ESTATUAS MUSICALES

Durante el juego, los participantes deben moverse al ritmo de la música y, cuando esta se detenga, quedarse completamente quietos y quietas como estatuas. Este ejercicio obliga a los jugadores y jugadoras a frenar sus movimientos de manera repentina y a inhibir su impulso de continuar bailando, lo que fortalece la capacidad de autorregulación.

JENGA

El Jenga también es una actividad que promueve el trabajo de la inhibición, pero en un contexto diferente. En este juego, los jugadores y las jugadoras deben extraer bloques de madera de una torre sin que esta se derrumbe. La tentación de mover bloques rápidamente y con poca precaución está presente en todo momento, pero se requiere una gran dosis de autocontrol para frenar el impulso y pensar cuidadosamente cada movimiento. La necesidad de planificar y ejecutar con precisión fortalece la inhibición al enseñar a los jugadores a resistir la urgencia de actuar de forma impulsiva y, en cambio, pensar en las consecuencias de sus acciones.

JENGA

Nota: Actividades inhibición.

JUEGO DE OPERACIONES

A través de este tipo de juegos, se trabaja el control de los impulsos. Durante la «operación», la jugadora o el jugador debe ser extremadamente cuidadoso al sacar las piezas del cuerpo del paciente, evitando tocar los bordes. Si la jugadora o el jugador es impulsivo o demasiado rápido, se activa una señal sonora que interrumpe el juego, lo que refuerza la necesidad de frenar y controlar el impulso de actuar de inmediato. Para evitar el error y asegurar que no toquen los bordes del cuerpo del paciente, los jugadores deben concentrarse en la tarea y mantener un enfoque constante. Esta concentración exige que se inhiban distracciones externas o pensamientos de acción rápida, ayudando a desarrollar la capacidad de mantener el foco en una tarea por un período prolongado y obliga a los jugadores a reflexionar antes de actuar, evaluando cuidadosamente cada movimiento para no cometer un error. Este proceso de reflexión y control de las decisiones fortalece el control inhibitorio, al fomentar una pausa antes de ejecutar una acción.

5.4 ACTIVIDADES PARA MEJORAR LA FLEXIBILIDAD COGNITIVA

La flexibilidad cognitiva desarrolla una faceta crucial en el funcionamiento cognitivo y social, puesto que despliega su influencia en múltiples aspectos de la vida cotidiana. Las habilidades demandan la capacidad de comprender perspectivas ajenas, anticipar reacciones y adaptar respuestas en función de los contextos sociales. Estas habilidades de adaptación requieren una flexibilidad cognitiva sólida para interpretar señales, modificar patrones de comportamiento y navegar fluidamente en diversas situaciones según el contexto. Se trata de una de las funciones ejecutivas esenciales para adaptarnos a los cambios, encontrar soluciones alternativas y afrontar situaciones nuevas sin frustrarnos. En el caso del alumnado autista, esta habilidad puede representar un reto, ya que muchas personas dentro del espectro prefieren la previsibilidad y pueden experimentar dificultades cuando se alteran sus rutinas o cuando una tarea requiere cambiar de estrategia.

Por ello, es fundamental fortalecer la flexibilidad cognitiva a través de actividades estructuradas y motivadoras, que permitan desarrollar la capacidad de adaptación de forma progresiva y segura. Mediante el juego, la resolución de problemas y la variabilidad en las tareas, podemos fomentar que niñas, niños y adolescentes exploren diferentes maneras de pensar y actuar, promoviendo una mayor autonomía y bienestar en su día a día.

A continuación, se presentan diversas actividades diseñadas para fortalecer esta función ejecutiva, permitiendo que el aprendizaje de la flexibilidad sea un proceso dinámico y positivo:

FLEXIBILIDAD COGNITIVA

Características de un buen desempeño

- Comprende y se adapta a los cambios en el entorno, la tarea o la situación.
- Modifica estrategias y ajusta su enfoque según sea necesario.
- Identifica la complejidad de una situación y actúa en consecuencia.
- Relaciona nuevas situaciones con experiencias previas y conocimientos anteriores.
- Genera diferentes soluciones ante un mismo problema.
- Anticipa las posibles consecuencias positivas y negativas de sus decisiones.
- Toma decisiones realistas y ajustadas a la situación.
- Cambia de opinión si las circunstancias lo requieren.

Estrategias de intervención

- Explicar la organización de las tareas con claridad, pero permitiendo ajustes si es necesario.
- Proponer situaciones donde deban elegir entre varias soluciones posibles.
- Relacionar los contenidos de aprendizaje con situaciones del mundo real.
- Variar la complejidad, el ritmo y el formato de las actividades.
- Usar ejemplos prácticos para mostrar qué significa ser flexible.
- Incluir actividades que fomenten el pensamiento flexible,
- Actividades de lógica y razonamiento matemático.
- Comparaciones y relaciones entre objetos o situaciones.
- Historias con múltiples finales posibles.
- Promover la reflexión sobre los contenidos y tareas.
- Reutilizar materiales cambiando su contexto o propósito.
- Fomentar la revisión y corrección de trabajos entre compañeros.

Nota: Buen desempeño e intervención en flexibilidad cognitiva.

JUEGOS CON RULETA

Los juegos con ruletas pueden ser herramientas muy efectivas para fomentar la flexibilidad cognitiva. En este tipo de juegos, los participantes generalmente deben tomar decisiones rápidas basadas en información incierta, lo que implica varios aspectos de la flexibilidad cognitiva: **La toma de decisiones bajo incertidumbre, la adaptación a nuevas reglas o cambios, la alternancia de atención** y, además, se juega de una manera manipulativa y divertida.

Se pueden añadir ruletas de turnos a la hora de hacer ciertas actividades. De esta manera, el cambio de roles o turnos ayuda a las personas a mantener una atención más flexible y a cambiar de enfoque cuando es necesario.

INTRODUCCIÓN DE ACTIVIDAD SORPRESA

Ya se ha hablado antes de la importancia de la estructura firme y de la anticipación para ayudar al alumnado con la imprevisibilidad. Aun así, la introducción progresiva de una actividad sorpresa puede ayudar a trabajar la flexibilidad cognitiva en el alumnado autista, al ir acostumbrándose poco a poco a cambios inesperados. Al comenzar con pequeños ajustes en las rutinas o introducir una sorpresa de forma gradual, los estudiantes pueden aprender a manejar mejor la incertidumbre y a adaptarse de manera más fluida a situaciones nuevas, promoviendo la capacidad de cambiar de pensamiento o de comportamiento ante estímulos no previstos.

ACTIVIDAD SORPRESA

?

SECUENCIA DE FORMAS CON ACCIONES

 En este caso, cada número está asociado con una acción diferente. El niño o niña debe recordar qué acción corresponde a cada forma mientras sigue el flujo de la secuencia. Esto exige no solo recordar las instrucciones, sino también inhibir respuestas automáticas y ajustarse a la nueva regla de comportamiento.

CAMBIO DE NORMAS EN JUEGOS TRADICIONALES

Los juegos tradicionales con cambios de normas son una excelente herramienta para fomentar la flexibilidad cognitiva. En el contexto de los juegos tradicionales, como el póker, el ajedrez, o los juegos de mesa como Monopoly o La oca, el cambio de normas implica modificar las reglas a lo largo de la partida o establecer reglas nuevas de manera inesperada. Este tipo de juegos puede beneficiar a quienes tienen dificultades con la flexibilidad cognitiva, como muchas personas autistas, por varias razones:

DESAFÍO AL PENSAMIENTO RÍGIDO

Al jugar con normas variables, el cerebro se ve obligado a ajustarse a nuevas condiciones, lo cual promueve la capacidad de pensar de manera más flexible.

DESARROLLO DE LA TOLERANCIA A LA FRUSTRACIÓN

Los cambios de reglas pueden generar incomodidad o frustración al principio, pero también ofrecen una oportunidad para aprender a manejar esa frustración y a encontrar nuevas formas de jugar o resolver problemas.

ESTIMULACIÓN DE LA RESOLUCIÓN DE PROBLEMAS

Cada vez que las normas cambian, los jugadores o jugadoras deben buscar nuevas estrategias para seguir adelante. Este proceso activa el pensamiento crítico y mejora la capacidad de encontrar soluciones ante nuevas dificultades.

FOMENTO DE LA TOMA DE DECISION

La flexibilidad cognitiva también se entrena cuando una persona debe tomar decisiones rápidas o valorar diferentes alternativas en función de las nuevas reglas. Esto les ayuda a evaluar mejor las opciones y a tomar decisiones informadas en situaciones cambiantes.

MEJORA DE LAS INTERACCIONES SOCIALES

Cuando las reglas cambian, los jugadores deben comunicarse más y negociar sobre las nuevas normas. Esto fomenta la interacción social y mejora las habilidades comunicativas, especialmente en contextos donde las reglas no son fijas y dependen de acuerdos mutuos.

AGRADECIMIENTOS

En primer lugar, agradezco haber tenido la oportunidad de poder publicar y poner en papel este proyecto. Me hace mucha ilusión y he podido disfrutar las horas que he dedicado a plasmarlo.

Para llegar hasta este punto, he tenido la suerte de aprender de muchas profesionales, profesoras y profesores, compañeras de trabajo y trabajadores del sector educativo. A todos y todas ellas, muchas gracias. Y sobre todo, a los alumnos y alumnas que han pasado por mi trayectoria en el mundo de la educación y me han enseñado a ser maestra, mostrándome la importancia de la comprensión, la adaptación y la verdadera convivencia.

Quiero agradecer a todas y todos aquellos que, de una forma u otra, han aportado su granito de arena en la creación de esta obra. Al *Centre de Psicologia Divergent,* que se dedica cada día a dar atención psicológica y educativa a familias, adolescentes e infantes en Sabadell, por cedernos su espacio para la realización de las fotografías que aparecen en este libro. A Marga, la profesional que se encargó de hacerlas, y a Leyla y Judith, por pasar el día con nosotras.

A quienes han confiado en mí para divulgar sobre el autismo, dándome el espacio para compartir conocimientos y estrategias. Gracias por creer en la importancia de este trabajo y por contribuir a hacerlo llegar a más personas.

En lo emocional, gracias a mis seres queridos y a mis amigas más cercanas, por creer en mí y alentarme a seguir siempre, incluso en momentos de duda.

Y, por último, a todas las personas que lean estas páginas con la intención de comprender, aprender y aplicar lo aquí escrito, fruto del aprendizaje de todos estos años. Espero que este libro sea una herramienta útil y que, de alguna manera, contribuya a hacer de las aulas un lugar más accesible y respetuoso para la *Neurodiversidad*.

Muy agradecida.

BIBLIOGRAFÍA

- American Psychiatric Association. (2013). Diagnostic and statistical manual of mental disorders (5th ed.). https://doi.org/10.1176/appi.books.9780890425596

- Baron-Cohen, S. (2014). Autismo y Síndrome de Asperger. Alianza editorial.

- Flores, J., y Ostrosky, F. (2012). *Desarrollo neuropsicológico de lóbulos frontales y funciones ejecutivas*. El Manual Moderno.

- Gobierno de Aragón. (s.f.). *ARASAAC - Portal Aragonés de la Comunicación Aumentativa y Alternativa*. https://arasaac.org

- Muchiut, A., Dri, C., Vaccaro, P., y Pietto, M. (2020). Emotionality, Behavior, Social Skills, and Executive Functions in Initial Level Children. *Revista Iberoamericana de psicología*, *12*(2), 13–23. https://doi.org/10.33881/2027-1786.rip.12202

- Mulas, F., Ros, G., Millá, G., Etchepareborda, M., Abad, L. y Téllez, M. (2010). Modelos de intervención en niños con autismo. *Revista Neurología, 50*(3), 77-84.

- Organización Mundial de la Salud (2014). *Medidas integrales y coordinadas para gestionar los trastornos del espectro autista: Informe de la Secretaría* (No. A67/17)

- Sastre, S. (2006). Condiciones tempranas del desarrollo y el aprendizaje: el papel de las funciones ejecutivas. *Revista de Neurología, 14*(2), 143-151. https://doi.org/10.33588/rn.42S02.2005782

- Tirapu-Ustárroz J., Cordero-Andrés, P., Luna-Lario, P., y Hernáez-Goñi, P. (2017). Propuesta de un modelo de funciones ejecutivas basado en análisis factoriales. *Revista de Neurología, 64*(2), 75-84. https://doi.org/10.33588/rn.6402.2016227